SE·MEN·TES

ANA TEREZA CAMASMIE

InterVidas

Catanduva, SP • 2025

SEMENTES

SUMÁRIO

VONTADE DIVINA

É necessário ter muita humildade para admitir
que somos criaturas divinas
em processo de evolução
e que tudo o que nos
acontece nos convida a
estar a serviço de algo maior
do que nossa compreensão

intelectual possa abarcar. É preciso ter muita força para nos entregarmos a Deus e dizer, do fundo de nossos corações: "Sim. Obrigado, Senhor. Seja feita a Sua vontade".

CONFIAR

O que nos falta é reconhecer nossa pequenez e as consequências diretas de nos sentirmos desse tamanho, pois isso resultará em desistir de controlar os outros e as situações, ampliando o olhar para descobrir para onde nos aponta tudo o que nos acontece. Podemos assumir uma postura madura para compreender que existem razões para além de nossa vontade ou de nosso entendimento para que algo aconteça desta ou daquela maneira – e não como gostaríamos.

FÉ E CORAGEM

À medida que nossa alma evolui, prepara-se para trilhar caminhos repletos de desafios à sua altura, a fim de cumprir seus propósitos. Essa força que nos faz prosseguir pode ser chamada de fé, de coragem... Ela não é inata, nem genética, tampouco está presente somente nos santos e iluminados. Pelo contrário, é tecida por nossas próprias mãos, muitas vezes suadas, com os fios das adversidades da vida.

ADVERSIDADES

As adversidades da vida não se apresentam a nós como castigo, merecimento ou qualquer coisa dessa natureza. São próprias de quem caminha muito e busca vencer a si mesmo cada vez mais, pois assim reconhece sua capacidade e vai afirmando seu tamanho. Se nenhuma dificuldade existisse em nossa jornada pelo mundo, como saberíamos o que somos capazes de realizar e suportar?

CERTAMENTE

O que interessa ao nosso coração é aquilo que nos estimula a seguir adiante. Certamente, se buscamos transitar em uma atmosfera elevada, é essencial renunciar a nossas inconformações, pois elas nos afastam desse caminho. Reclamar da luta nos enfraquece, nos desvia do essencial e desqualifica os esforços na direção do bem próprio e do bem comum.

INCESSANTEMENTE

Se você se encontra diante de um desafio que considera maior do que si mesmo e duvida de suas forças para superá-lo, este é o momento de ativar recursos adormecidos. É uma oportunidade de criar algo novo ou buscar amigos que incentivem sua caminhada. O essencial é não desanimar, pois para alcançar o melhor da vida é preciso servir e caminhar, incessantemente.

NO ESPÍRITO E NO CORPO

Tudo o que acontece, seja no corpo ou no espírito, reflete-se mutuamente, ou seja, o que acontece em nosso corpo já estava presente antes em nosso Espírito. Do mesmo modo, o que se passa em nosso corpo também repercute em nosso Espírito. Por isso, nossos pensamentos e sentimentos, geram e plasmam nosso corpo. E o modo como cuidamos de nosso corpo engrandece ou apequena nosso Espírito.

ABUNDÂNCIA

A abundância está completamente ligada ao nosso pertencimento à vida. É um modo de ser e estar no mundo, em conexão consigo mesmo e com os outros e com os outros, reconhecendo-se como filho do Universo, filho de Deus. Viver abundantemente é sentir-se parte indispensável do mundo em que nasceu, sem exigir ou esperar condições externas para pertencer. É também compreender que é necessário renunciar às próprias exigências. Somos filhos de Deus e isso significa que: simplesmente por existirmos, pertencemos.

TEIA DIVINA

Somos seres espirituais eternamente interligados uns aos outros, em uma teia de amor divino que entrelaça nossos destinos. Se sentirmos que está difícil viver em nosso mundo, podemos iniciar uma mudança a partir do que está mais próximo de nós: nosso coração. Sendo assim, cuidar de nossas emoções e trabalhar em nossa transformação pessoal é, também, colaborar para a melhoria de tudo o que nos rodeia.

PASSO A PASSO

A cada passagem terrena, avançamos em alguns aspectos, enquanto outros só poderão ser trabalhados em outra existência. O crescimento total e pleno não acontece de uma só vez. Nenhum de nós está aqui como anjo, nem esse é nosso objetivo nesta vida, por ora. Talvez nossa missão seja a de nos pôr a caminho rumo ao crescimento, sem desistir – e isso já é imenso para nossas almas!

TEMPO

Quando dizemos "não tenho tempo para isso ou aquilo", criamos uma distração que nos impede de perceber como estamos cuidando do nosso tempo de viver. O tempo não está fora de nós, portanto, não é algo que simplesmente possuímos ou não. Somos seres temporais – almas imortais vivendo uma experiência corpórea finita. Cabe a nós tomar consciência de como utilizamos nosso tempo, pois é nossa escolha de prioridades que o define. O que estamos deixando para realizar depois? A que estamos nos entregando neste exato momento?

SONHOS MORTOS

Por que será que quando acontece exatamente o que eu sempre desejei, não me torno feliz como imaginava?

É possível que seja porque você não pôde atualizar seus sonhos. Depois de um tempo, nossos sonhos precisam de ajustes, porque não somos os mesmos sonhadores de ontem. Aquilo que era tão essencial no passado, agora já não nos preenche tanto assim.

Há sonhos que precisamos deixar para trás, realizados ou não. Desta forma, podemos nos abrir a novos sonhos, alinhados com nosso tamanho e com quem somos hoje.

CONTROLE

Temos um desejo enorme de controlar resultados para ter certeza de que tudo irá acontecer conforme nosso desejo. Esse desejo de controle está na razão inversa de nossa possibilidade de crescimento. A vida não acontece no controle, muito pelo contrário! O melhor da vida chega quando menos esperamos, no fluxo do viver. Querer controlar é ter a pretensão de que sabemos de antemão do que precisamos para amadurecer. E a vida mostra que é exatamente isto que está totalmente fora de nossas mãos.

Sabemos muito pouco a respeito de quem somos e menos ainda a respeito de quem podemos ser. Se nossa vida estivesse totalmente – e somente – em nossas mãos, escolheríamos o que já conhecemos e isso reduziria em muito nossa capacidade de conhecer e ampliar nossas forças. Além disso, como conquistaríamos novos terrenos em nossas almas, se os caminhos fossem sempre os mesmos, noite e dia?

EM CONEXÃO

Manter nossa alma em boa conexão, ou em linguagem filosófica, sustentá-la "desperta, acordada", é algo que exige muito esforço. A desconexão, o desligamento da alma de si mesma, dos outros e de Deus tornou-se um hábito tão comum que muitas vezes nem percebemos o quão distantes estamos uns dos outros na vida.

Mais longe ainda estamos de perceber as consequências desta distância. Não temos nem consciência de que a sensação de desamparo existencial decorre desta desconexão.

CONHECER-SE

Temos dificuldade de sustentar vazios, de suportar silêncios, de esperar a tessitura da perseverança que só o tempo pode trazer. É no tempo lento que as camadas virtuosas de nossa alma se estruturam e criam condições para novas experiências e para atravessarmos situações mais tensas em nossa caminhada. Na rapidez da busca por resultados, na pressa de alcançarmos êxitos e na tentativa de evitar sofrimentos, pouco podemos conquistar e conhecer a respeito de nós mesmos.

OUVIR O MUNDO

O mundo fala para nós, constantemente, e, se aguçarmos nossos sentidos, podemos ouvir a mensagem das coisas, das paisagens, dos lugares, das pessoas. Podemos acessar, assim, o caráter evocativo que o mundo tem. Ao entrarmos em conexão com ele, podemos captar a evocação, o chamado singular de cada coisa que nos rodeia. E, se prestarmos mais atenção, poderemos ouvir a voz do nosso coração que nos chama a ter uma vida mais verdadeira, mais plena.

SACIAR A ALMA

A prece oferece plenitude e saciedade a nossas almas. Orar proporciona alinhamento espiritual, de modo que Deus se manifesta em nós instantaneamente. Com Ele, podemos experimentar uma ligação tão intensa que nada mais nos faltará. Nesses momentos, podemos nos aproximar do impossível e sentir nossa essência divina.

PROVISORIEDADE

Quando esquecemos que todas as nossas experiências são provisórias, há um movimento ao apego. Fazemos isso em uma tentativa de reter, segurar e suportar a provisoriedade que nos caracteriza como seres viajantes. Apegados, esquecemos de que nada do que possuímos nos pertence de fato; apegados, esquecemos que nossos relacionamentos afetivos são laços, não posses; apegados, esquecemos que nosso corpo físico carrega exatamente as condições vitais adequadas à duração de nossa viagem – nem mais nem menos.

RAIVA

Quando sentirmos muita raiva, seria um bom começo olhar para o nosso medo. E, ao encará-lo, ter compaixão por nós mesmos, reconhecendo que ainda não conseguimos admitir que somos vulneráveis. Podemos, ao mesmo tempo, também dizer: "Posso deixar minha raiva ir e já posso cuidar do meu medo, pois já há amor em mim".

ALEGRiA

Já percebem que, quando estamos alegres, não conseguimos reduzir a um único evento o motivo de nossa alegria? E, mesmo quando identificamos o evento que gerou nossa alegria, percebemos que ela não se limita a ele? Pois então, isto se deve ao fato de a alegria ser um estado de espírito que, embora se inicie em algo específico, ela transcende, transborda a este e se espalha por todo o nosso campo vital – assim como a água da chuva molha indiscriminadamente por onde cai e traz benefício a tudo em volta.

CONEXÃO SINGULAR

Despertar é conectar-se. Mas, o que seria conectar-se consigo mesmo, com os outros e com Deus? Conexão é uma ligação que é carregada de sentido, de nexo. É sentir-se parte inseparável de algo, de alguém. É a experiência humana que mais nos nutre.

Assim, podemos dizer que quando amamos a nós mesmos, a alguém ou a Deus, experimentamos uma conexão singular, especial, sagrada. Sentir-se filho de Deus, criatura divina, é, pois, uma experiência de conexão especialíssima. É uma experiência sagrada.

AGORA

Para sentirmos alegria na vida, precisamos cuidar de nossa ansiedade. É que imersos na ansiedade não há como ficarmos presentes, viajamos para o futuro, presos ao que ainda não aconteceu e preocupados com o que ainda virá. Então, para a alegria se manifestar em nosso coração, para darmos passagem a ela, precisamos olhar para o que está acontecendo agora, no momento presente em nossa vida. A alegria é, de certo modo, uma decisão. A decisão de nos abrirmos para o que estamos vivendo, com tudo o que vier.

OLHAR

Mesmo em um momento difícil a alegria pode estar presente, se nos atentarmos ao sentido dessa experiência. Podemos olhar para onde ela nos leva e ouvir o chamado que está presente naquilo que tanto desorganiza nossa vida. Talvez esse acontecimento nos leve para uma arrumação melhor, mais consciente, mais amadurecida. Então, um desafio pode ser motivo de alegria, mesmo que ainda não seja totalmente prazeroso experimentá-lo.

ACONTECIMENTOS

É motivo de alegria quando podemos reconhecer que os acontecimentos de nossa vida não estão aí por acaso – que não estamos à deriva – e que há algum propósito neles. Eles guardam em si a possibilidade de nosso crescimento, se fizermos deles a oportunidade para isso acontecer.

iR E ViR

Mesmo sabendo que todos somos tão singulares e diferentes uns dos outros, nossa condição humana, profundamente afetiva, nos permite imaginar como é estar na pele do outro. E nesse ir e vir reflexivo, podemos cuidar de nossa reatividade, nossa impulsividade e nossas carências. Para a doutrina espírita, quando cuidamos do outro, cuidamos também de nós. O que acontece com o outro sempre nos toca e vice-versa, pois somos irmãos por condição essencial.

JUNTOS

Estar junto ao outro e, ao mesmo tempo, cuidar de si, é um desafio. Geralmente, acreditamos que é preciso escolher entre um e outro como se cuidar de si só fosse possível no afastamento. Existe a possibilidade do "junto".

Em parcerias saudáveis e relações que nos convidam ao crescimento, podemos viver esta simultaneidade. Somos aqueles que estimulam o despertar do outro, assim como nos sentimos impulsionados a buscar o nosso melhor.

OXIGENAR A AFETIVIDADE

O amor requer de nós atenção para que possamos sustentar a presença dele em nosso cotidiano. Como consta em O *Evangelho segundo o espiritismo*:

"O Espírito precisa ser cultivado, como um campo. Toda a riqueza futura depende do labor atual [...]" (Allan Kardec, FEB, cap. XI, item 8)

Então, é preciso trabalhar... É preciso revolver a terra de nossos corações, retirar o que não nos faz bem – como as mágoas –, oxigenar o terreno com esperança, depositar nele as boas sementes e, por fim, cuidar!

CUiDADO

Quando nos cuidamos de verdade, também cuidamos dos outros, pois lhes oferecemos um "eu" melhor. Aquele que cuida de si mesmo torna-se uma pessoa muito melhor na convivência. Quando cuidamos do nosso mau humor, da nossa tristeza e das nossas necessidades, podemos estar junto dos outros sem dependência, sem exigências e sem queixas.

Ao sermos cuidadosos conosco, podemos ser tolerantes com as limitações dos outros. Assim, não sobrecarregamos ninguém e nem a nós mesmos. Cuidar de si mesmo é também uma gentileza para com o outro.

EXPERIÊNCIA TRANSFORMADORA

Viver uma experiência significa nos entregar ao chamado da vida sem resistência. Algo intenso nos alcança e se apodera de nós – não pela via da razão ou do controle. Quando vivemos um acontecimento sem desejar controlar os resultados, podemos assim dizer que fomos *transformados* por essas experiências, ou seja, através delas. O nascimento de um filho, uma perda significativa, um encontro sagrado, um adoecimento inesperado, uma peregrinação... São momentos que podem ser transformadores para nós, se nos permitirmos ser tocados profundamente por eles.

O NOSSO MELHOR

O Criador não espera de nós a perfeição, nem muito menos atua de modo a nos isentar das adversidades no processo de crescimento. Tudo se encaminha para que nosso melhor possa vir à luz, pois, como nos diz Emmanuel:

"Cada um de nós permanece no lugar exato, a fim de realizar o melhor que pode". (Chico Xavier, Espírito Emmanuel, *Estude e viva*, FEB, cap. 35)

O convite que está posto para cada um de nós, é de abertura ao que vier. É o de aceitar sem queixas, é o de observar, sem julgar, para recolher o aprendizado incrível que acontece em nossas almas.

SUPÉRFLUO

Podemos dizer que supérfluo é tudo aquilo que já foi útil, mas, agora, já não é mais. É tudo aquilo que, em outra fase da vida, encaixava perfeitamente! Porém, agora, na circunstância na qual nos encontramos, com outro propósito de vida, outras coisas precisam entrar e, por isso, outras tantas precisam sair de nosso foco de atenção. Quem quer tudo, estar em tudo e fazer tudo não descobriu ainda o que é essencial. É preciso soltar, deixar ir. É assim que entramos no fluxo da vida, desapegando, fluindo e abrindo espaço para o novo – evoluindo, afinal!

SENTIMENTOS OPOSTOS

A tristeza e a alegria se configuram como dimensões da nossa vontade de viver, mesmo que, aparentemente antagônicas. Na alegria, temos um estado de prontidão, um movimento da alma para algo maior, para sua expansão. Isso requer nossa conexão com o que nos acontece no presente. Na tristeza, ocorre um estado de retração da alma, recolhimento, reflexão e pouco contato com nosso entorno. Ambas são necessárias, mesmo que passageiras, e muito nos enriquecem à medida que as vivenciamos. Precisamos acolher essas duas faces sem exclusão, pois no encontro com cada uma é que conseguimos sentir o valor da outra.

ABERTURA

Desapegar gera cansaço, mas também oferece alívio e espaço. Essa abertura é indispensável para que possamos trilhar um novo modo de viver, mais leve e prazeroso. Nessa sintonia, a Espiritualidade Maior é incansável em nos auxiliar e inspirar para executarmos novos movimentos de vida. Mas é preciso refletir:

O quanto estamos dispostos a atravessar o vazio momentâneo que o desapego promove?

O LUGAR DE JUIZ

Perdoar é renunciar ao lugar de juiz sobre os outros. Perdoar-se é também deixar de ser juiz de si mesmo.

Perdoar é dizer sim à vida, ao fluxo do existir. Fomos criados para viver – não para fazer justiça com as próprias mãos.

Perdoar significa ocupar nosso próprio lugar: o de irmãos uns dos outros e de filhos de Deus. Tudo o mais, deixemos a cargo do Universo.

Nossas histórias são extensas demais para serem reduzidas a um único momento de deslize. Na verdade, não temos autoridade alguma para julgar, pois nenhum de nós é verdadeiramente inocente. Se assim fosse, seríamos anjos!

CASA PATERNA

É hora de voltarmos para casa e lembrar de nossa essência divina, ou seja, de nos darmos conta de que somos filhos de Deus e nos fortalecer para atravessar as sombrias avenidas de nossa existência. Que possamos fazer o esforço de nos mantermos acordados, de olhos abertos, para podermos conquistar aprendizados eternos das experiências que a vida nos proporciona.

DESTINO VENTUROSO

Curar-se tem a ver com diferenciar-se. É fazer um movimento diferente do que viemos fazendo pelo caminho até então. Só assim estaremos preparados para a cura e, mais ainda, abertos para seguir a orientação de Jesus – de resistir a voltar a velhos caminhos para não mais adoecermos, mas avançarmos rumo ao nosso destino venturoso.

É hora de despertarmos para um modo mais elevado de viver, de colocar a mão na massa e seguir, como nos adverte o Cristo: "Ninguém que põe sua mão no arado e olha para as coisas de trás é apto para o Reino de Deus."

Sigamos, então!

SOB O OLHAR DIVINO

Aos olhos de Deus, ninguém nos deve nada, nem nós a ninguém. Cada um de nós, Espíritos em crescimento contínuo, colabora com o desenvolvimento do outro, ao mesmo tempo em que nos desenvolvemos. Em cada encontro por aqui, saibamos oferecer o melhor e receber o que nos for possível para seguirmos em frente, sem desistir.

COBRANÇAS

Renunciar às cobranças, sejam vindas de nós mesmos ou dos outros, é libertar nossas almas para o futuro. O passado deve ser encarado como raízes que sustentam nossas ações no presente e no futuro, jamais como um espaço de julgamento que gera lamentações.

Permanecer na exigência nos enfraquece, pois nunca nos consideramos bons o suficiente para agir. Esperamos situações ideais ou queremos ser alguém que ainda não somos. Uma boa pergunta para uma alma exigente seria: "Para quem e para que você precisa ser tão perfeito?"

LEI DE IGUALDADE

Para a providência divina não há privilégios para ninguém, posto que estamos sob a guarda da lei da igualdade. Todos somos filhos de Deus, e para o Pai não existem preferidos. O que existe são criaturas em aprendizado, e somos uma delas. Portanto, ninguém nasce com vantagens sobre ninguém, nem tem que vencer seu irmão em coisa alguma. Cada um de nós experiencia o que é necessário para o próprio desenvolvimento espiritual.

SIMPLES ASSIM

Tudo o que mais queremos nesta vida é amar e sermos amados. Simples assim. Então, basta fixar nosso olhar nos olhos límpidos de Jesus e lembrar que há Nele profunda compaixão por nossas fragilidades, assim como uma fé inabalável em nossa grandeza. Afinal, com absoluta certeza, Ele nos pediu que também tivéssemos fé: "As obras que eu faço, ele também fará, e fará maiores do que estas".

OLHOS DE VER

Se formos capazes de olhar para nossas vidas com verdadeira percepção, encontraremos nossos talentos à espera de nossa força de ação. Há sempre um lugar por onde podemos começar, em que podemos dar um passo na medida de nossas possibilidades. É assim que nossa vontade começa a surgir – nunca antes de agir, nem depois. É caminhando que ela cresce e nos incentiva a seguir cada vez mais e para frente.

EXATAMENTE COMO SOMOS

Nosso mundo não precisa de heróis nem de pessoas famosas – muito menos que sejamos pessoas de sucesso. Nós, e nosso mundo, necessitamos que sejamos exatamente como somos, com tudo o que cada um pode realizar.

Cada um de nós tem uma parte singular com que contribuir, de tal modo que ninguém pode fazer exatamente o mesmo. Não importa o tamanho dela nem o impacto que ela causa. É necessário nos convencermos de que nada nos falta para começar.

MESMO QUE NÃO CONSIGA VER

Creio que é a fé, essa certeza que há no coração de que nada acontece na vida por acaso, de que nada acontece na vida por simples acaso, e de que nada na vida de um reencarnante é banal.

Então, o que quer que esteja acontecendo em sua vida tem um propósito, um sentido e a possibilidade de trazer crescimento, mesmo que seja por meio de uma grande adversidade.

É possível manter a fé acesa quando você se assegura de que persistir pode levá-lo a um momento melhor do que o atual, mesmo que ainda não consiga enxergar.

DEUS É EM NÓS

Então, é a persistência na fé que nos faz conseguir perceber que persistir vale a pena. Fé em nós mesmos, fé na espiritualidade maior, fé em Deus. Ter fé em nós é o mesmo que ter fé em Deus, pois Deus é em nós.

PÉROLA INTERIOR

Quando iniciamos um trabalho, quando nos lançamos na vida já acreditando que não vamos conseguir, renunciamos à chance de descobrir a verdadeira extensão de nossa força. Assim como uma pérola só se forma pelo atrito da ostra com um agente externo, é no enfrentamento dos desafios que construímos algo valioso.

CAIR EM SI MESMO

Na parábola do filho pródigo, encontramos um momento precioso, o de "cair em si mesmo", ou seja, quando temos a possibilidade de tomar consciência dos passos que demos e decidir adotar um novo rumo, sem nos vitimarmos. Este momento provém de um certo cansaço por termos vivido tanto tempo alheios ao nosso propósito espiritual. É preciso sentir saudade de quem já fomos ou vontade de sermos diferentes do que fomos até então, para que tenhamos coragem de modificar nossa rota e renunciar caminhos já conhecidos.

DESTINO LUMINOSO

Para uma vida com sentido, é preciso despertar para nossa essência espiritual e ter consciência de que atravessamos uma existência corpórea finita com objetivos claros de aperfeiçoamento. Além disso,

devemos aproveitar todas
as chances de crescimento
para não prolongarmos
sofrimentos inúteis que
atrasam nossa viagem.
Nosso destino é luminoso,
mas, por ora, estamos na
construção desse caminho.

UM LONGO CAMINHO

Temos um longo caminho pela frente até compreendermos a importância do silêncio, do hábito da oração meditativa, da reflexão que antecede a ação e da tomada de decisões – tudo conectado com seu propósito intrínseco e a atenção aos seus desdobramentos.

Além deste trabalho interior consigo mesmo, é preciso olhar também para o modo como nos relacionamos com as pessoas, pois é na convivência que temos a oportunidade de exercitar e consolidar o melhor de nossas almas.

NAS CURAS DE JESUS

Não há um só momento, nas curas realizadas por Jesus, em que Ele não tenha se dedicado a convidar os sofridos a despertar para a vida espiritual e, em seguida, elevar o olhar para além do estreito horizonte existencial que conheciam. E, a partir do despertar para a nova vida que se abria, Ele os incentivava a deixarem suas paixões, para que não retornassem aos mesmos caminhos.

Jesus nos convida a uma mudança de direção, a termos coragem para abandonar os caminhos que nos adoecem e que nos mantém nos mesmos lugares que nos causam sofrimento.

DESPERTAR

É preciso despertar e levantar; são dois movimentos sequenciais necessários para sairmos da escuridão, da sombra, da ignorância, do sofrimento, da dor e da falta de direção.

O despertar pede o levantar; isso significa que é

necessária uma ação como expressão do encontro com a verdade. E essa nova ação, banhada de verdade, é ao mesmo tempo vacina para não retornarmos aos mesmos caminhos.

PEREGRINOS

Como peregrinos,
Espíritos despertos,
que possamos nos acolher
nos momentos em que os
pés estiverem doloridos,
mas que, em seguida,
possamos nos levantar e
seguir adiante, pois ainda
há muito o que caminhar.

O que nos dá força para seguir não é nosso passado, mas sobretudo o horizonte que se descortina à nossa frente. É esse futuro que nos convoca e estimula a dar os passos necessários.

Todo peregrino sabe por que caminha e para onde se destina.

ARQUITETOS DE NOSSOS DESTINOS

É libertador poder atravessar as provas da vida, pois podemos nos permitir sermos totalmente transformados por elas. O fato de não lembrarmos a razão da presença delas em nossas vidas, não retira a chance de crescimento que elas nos proporcionam. Desta forma, não somos vítimas de nossas vidas – muito pelo contrário, somos os bons arquitetos de nosso destino.

DISCERNIMENTO

Devemos discernir o que estamos sendo convidados a enxergar, para que possamos renunciar ao sofrimento como a única forma de viver a experiência da dor. É por essa maneira que nosso coração passa a ser obediente e resignado

– duas forças ativas de consentimento da razão e da emoção, indispensáveis para a conquista de um coração brando que se mantém aberto ao amor e capaz de lidar com as vicissitudes da vida terrena, sem esmorecer.

EM FLUXO DE ViDA

Quando habitamos nosso lugar no mundo, tudo flui. Sentimo-nos envolvidos por um fluxo de vida, energia e amor divino, como se estivéssemos sob uma nascente que jorra água incessantemente. Viver sob esse fluxo de vida nos permite entrar em sintonia com o Universo. Isso não significa estar isento das dores naturais da vida, mas sim ter melhores condições para lidar com elas.

Porém, podemos nos afastar dessas bençãos

quando nos desviamos de nosso caminho – quando buscamos salvar os outros, dependemos excessivamente dos outros ou quando nos isolamos. É preciso habitar o que nos é próprio, o lugar que Deus nos concedeu para viver nesta vida, com amor.

Penso que ter fé é exatamente isso: buscar e sustentar nossa conexão com esse fluxo do viver, com o amor divino no qual estamos todos imersos.

GPS ESPIRITUAL

Embora haja planejamento reencarnatório, ele não é uma determinação. Assim, como em um GPS, reencarnamos com múltiplas rotas possíveis. Aqui, entra em jogo o livre-arbítrio, tanto o nosso quanto o dos outros; e é aí é que reside o grande segredo.

Ao planejar, não podemos garantir como os outros usarão sua liberdade, nem mesmo como usaremos a nossa! Os imprevistos são inúmeros, e às vezes escolhemos rotas mais longas em vez de mais curtas. Mas é justamente nessas mudanças que surge a capacidade de criar, replanejar, desenvolver flexibilidade e se transformar.

Na perspectiva espiritual, o resultado é importante, mas o processo pelo qual ele se dá é essencial. Neste sentido, o êxito espiritual quase nunca coincide com o que denominamos êxito, do ponto de vista material.

GRATIDÃO

A gratidão é um sentimento superior, pois se distingue dos sentimentos comuns que estão presentes no nosso cotidiano. Significa dizer que, quando respiramos nessa atmosfera, modificamos, em muito, nossa maneira de lidar com o que nos acontece.
O primeiro sinal de que estamos nessa sintonia, é que conseguimos desgrudar

nosso olhar daquilo que nos falta. E, imersos na gratidão, conseguimos nos nutrir do que já temos presente em nossas vidas – o que muito nos fortalece. Não significa dizer que a tristeza, a raiva e o medo irão desaparecer, mas não mais nos tomarão por completo. Podemos respirar e prosseguir, gratos!

ASSIM SEJA

Quando internamente dizemos "não" ao que nos acontece, mergulhamos na raiva e na revolta. Esta recusa, este estado de espírito, nos retira da conexão espiritual, fazendo com que nos sintamos sós, muitas vezes desamparados por Deus. Não significa que não exista apoio – nós é que recusamos esse apoio espiritual. Concordar não significa gostar do que está acontecendo, mas, simplesmente parar de bater os pés. Assim teremos força para agir e lidar com o que for necessário no momento.

FAROL DE MILHA

Há muitas coisas que não compreendemos por que acontecem conosco. Mesmo desconhecendo, podemos perceber que há algo muito maior por trás de tudo – esse é o mistério da Vida, que nos transcende.

Como querer controlar algo maior do que nós

mesmos? Há propósitos espirituais que ainda não temos condições de compreender. O que podemos fazer, então, nesse momento? Podemos fortalecer nossa fé, pois tempos de neblina requerem farol de milha!

OBJETIVOS PARA O VIVER

Gostaríamos que nossas relações familiares fossem perfeitas, harmoniosas, sem turbulência. Por enquanto, não é isso o que acontece, e nem deve ser esse tipo de relação "sem defeitos" o nosso objetivo no viver.

Aqui, ainda não é o reino da felicidade, como Jesus

bem nos disse: a felicidade não é deste mundo. Porém, já estamos conquistando muitos passos nesta direção. Só não é possível exigir resultados aqui e agora.

Se enxergarmos a beleza da nossa vida tal como ela se apresenta, sem idealizar, poderemos nos surpreender positivamente.

UMA BELEZA OCULTA

Embora o luto possa parecer um processo que nos distancia do mundo, também pode ser o que mais nos aproxima da essência da existência. E exatamente por isso, pode trazer consigo uma beleza oculta, pois nos retira da distração em que muitas vezes consiste nosso existir, e nos convida a valorizar nosso modo de viver. Viver como imortais numa vida corpórea finita nos convida a responder diariamente ao propósito de estarmos vivos e ao que desejamos fazer com nossa vida enquanto ela durar.

BONANÇA

Todas as vezes que sua alma desejar escapar das dificuldades, "dê a mão a ela", e, no silêncio, próprio da sabedoria divina, sustente sua presença até que a tempestade passe, pois todos sabemos que a chegada da bonança é inevitável.

Quanto mais conseguirmos caminhar nestes momentos desafiantes, mais nossos passos se tornarão firmes. E a cada desafio vivido, nascerá a certeza de que já somos melhores e maiores do que antes.

CUIDAR E COMPENSAR

Confundimos cuidar de nós mesmos com compensação, acreditando que precisamos equilibrar o desprazer e o cansaço com uma grande quantidade de prazer em outras áreas da vida. Quanto mais nos sentirmos assim, mais buscaremos compensação, o que pode nos adoecer

profundamente devido
ao exagero em tudo.

O caminho para cuidar de si não está na busca por compensações, mas sim na decisão de descobrir e enfrentar aquilo que tanto nos causa desprazer e mal-estar na vida – e contar com a proteção espiritual para este movimento.

CRIANÇA INTERIOR

Curar a criança ferida é assumir a direção adulta da própria vida. Aquela dor que parece exagerada, ou fora de contexto, geralmente indica uma necessidade antiga e não atendida que ainda predomina na experiência. São gritos da alma, dores sem lugar.

Sem perceber, somos guiados por essas dores de criança ferida, que sente desespero para ser ouvida e atendida. Essa criança interior é impulsiva, carente e quer tudo imediatamente – mas não possui a visão nem os recursos necessários para conduzir-se pelo caminho com segurança. Por isso, é preciso despertar o adulto que habita em cada um de nós. Somente, a partir desse lugar, é possível reconhecer e acolher nossas dores, identificar nossas verdadeiras necessidades e encontrar formas saudáveis de atendê-las. Assim, o adulto pode gentilmente colocar essa criança no lugar que lhe cabe, abraçá-la e dizer com ternura: "Agora você já pode descansar. Eu estou aqui para você, no que precisar."

CONVITE DE JESUS

O amor que experimentamos está ainda distante daquele a que Jesus nos convidou – um amor em que não há exclusões... Para o nosso Mestre, o amor verdadeiro surge junto ao inimigo, ao miserável, ao pecador – ou seja, àquele que é diferente de nós e de nossas

expectativas... Porque
o amor não estabelece
condições, nem escolhe
quem merece ser amado
por nosso Pai... O amor
acontece para aquele que
se abre, que não se posta
acima nem abaixo do outro,
mas para aquele que olha
para o outro com igualdade.

AUTOCUIDADO

Ninguém pode cuidar de nós mesmos em nosso lugar; o autocuidado é nosso sagrado ofício. É essencial cuidar dos nossos pensamentos, pois eles moldam nossos sentimentos e geram nossas ações. Ao pensar, criamos a psicosfera na qual nosso comportamento emerge e atrai tudo que é correlativo. Estejamos atentos ou não, nossa vida transcorre nesse campo de atração e repulsa daquilo que nos é próprio.

Portanto, autocuidado é prestar atenção e transformar nossas negatividades, nossos humores pesados e nossas palavras pouco gentis. Nesta atmosfera conquistamos companhias espirituais banhadas de amor e cuidado conosco.

PARA QUE NOSSA ViDA NOS REPRESENTE

Que possamos cuidar amorosamente de nós mesmos, para que nossa vida reflita quem somos e nos represente plenamente.

Somos discípulos de Jesus, seguidores da Boa Nova, e estamos empenhados em um grande trabalho, em uma jornada rumo a um futuro mais feliz. Neste momento, a recomendação é clara: cuidemos de nosso coração, de nós mesmos e do nosso entorno. É assim que construímos um mundo melhor.

SER INTEIRO

De relação em relação, vamos crescendo, desfazendo ilusões a nosso respeito, criando modos melhores de estar com as pessoas e sendo mais assertivos e gentis, o que nos faz muito bem. Porém, isso não se ocorre sem que trabalhemos com consciência e vontade de ampliarmos nossas capacidades afetivas. Estamos todos em busca de sermos inteiros, sem precisar tirar pedaços de nossas almas para encaixar-nos nas expectativas alheias. Viemos para ampliar, crescer, frutificar – e não, encolher, reduzir, esconder quem somos. Viva a inteireza!

CONVIVÊNCIA

Existimos a partir de nossos vínculos afetivos. Isso significa que qualquer característica que possamos identificar nasce das nossas relações e do que aprendemos a ser uns com os outros, desde sempre. Precisamos de convivência para nos desenvolvermos, e é por isso que, quando

estamos em uma relação
que nos incomoda muito, o
trabalho interior é descobrir
qual parte nossa está sendo
convocada a se modificar.
Se todas as relações
fossem somente prazerosas,
não seríamos impelidos
a empreender nenhuma
mudança em nossas almas.

OUVIR O CORPO

Quando nosso corpo começa a expressar a dor da alma, significa que esta já adoeceu há muito tempo. Então, quando estamos diante de uma dor repentina, uma doença devastadora, um mal-estar crônico ou um órgão que desiste de funcionar, é preciso uma mudança no olhar. Em primeiro lugar, é necessário um olhar de compaixão para com nosso corpo. Em vez de nos queixar, devemos agradecer o esforço que nosso corpo faz ao tentar dar conta dos desequilíbrios da alma; agradecer o sinal de alerta de que algo em nosso modo de vida pede transformação e cuidado. Portanto, é momento de procurar ouvir: qual é o pedido do corpo?

EMOÇÕES EM DESCONTROLE

Mais do que nunca, precisamos cuidar das emoções sobre as quais não conseguimos ter controle. O primeiro passo nessa direção é admitir que somos responsáveis pela presença de climas tumultuados em nossas convivências. Enquanto não estabelecermos limites claros nesses comportamentos, sejam dos outros, ou mesmos os nossos, continuaremos vulneráveis à prática do mal entre nós. Esse alerta deve ser o suficiente para que façamos um esforço na direção de nos educarmos para conquistarmos a paz.

VIVER EM PAZ

Viver em paz é uma construção, um esforço contínuo que devemos cultivar em nossas convivências. A imaturidade, a falta de autoconhecimento e a ignorância emocional, presentes em nossos relacionamentos, favorecem a violência, impulsionada pelo desespero em buscar afeto a qualquer custo. Quanto mais violentos nos tornamos, mais nos afastamos de uma vida feliz. E, quanto mais inconscientes desses comportamentos, mais tempo permanecemos à mercê de impulsos que desorganizam nossas relações e esvaziam nossos corações.

O NOVO

Muito se fala sobre a resistência em sair da zona de conforto. Pode ser verdade, mas é essencial reconhecer também o medo de que o novo nos exija algo que ainda não nos sentimos seguros para sustentar. Tememos dar um passo e fracassar. Por isso, preferimos permanecer exatamente onde estamos.

E se, na verdade o medo não fosse do fracasso, mas do sucesso? Há momentos em que ser grande nos assusta, pois talvez não haja mais como voltar – e teremos que seguir adiante sozinhos. Pois então... crescer é exatamente assim: o que hoje representa o novo, ainda em forma de possibilidade, amanhã certamente se tornará parte do nosso caminho, familiar e integrado à nossa jornada.

Dessa maneira, ao nos lançarmos a uma nova ação e a assumirmos como nossa, ampliamos nossa zona de conforto. Esse processo gera segurança, fortalece a autoestima e promove bem-estar, permitindo que transitemos com mais espaço pela vida.

MOVER-SE

Mover-se faz parte da vida – um exercício de liberdade para todos nós. Mas há diferentes formas de movimento, pois existem diferentes graus de liberdade que podemos alcançar. Podemos nos mover simplesmente por força das circunstâncias, apenas para sair do lugar. Nesse caso, a liberdade é pequena, restrita.

Outra coisa é mover-se com consciência, com intenção e clareza de propósito. Aqui, a liberdade ganha amplitude, representa maturidade no agir.

Mover-se sem um propósito claro é mera agitação, dispersão – e gera cansaço. Mas quando nos movemos por uma grande causa, por nós mesmos, esse movimento gera força e crescimento, impulsionado pela vontade genuína da alma de ser tão grande quanto veio para ser.

O que te põe em movimento?

PEQUENAS AÇÕES

Vivemos em um mundo de intensa solicitação externa, o que constantemente gera estados de exaustão. Portanto, é essencial estimular a presença por meio de práticas que nos fortaleçam, como ancoramento da alma, atividades físicas, alimentação equilibrada e o cuidado com plantas ou com o espaço da casa.

Quando progressivamente incorporadas e em períodos curtos, essas ações – sejam de autocuidado ou voltadas ao entorno – nos abastecem de força para enfrentar os desafios na vida. Dessa maneira, o Espírito adquire fé em si mesmo, o que o habilita a permanecer no mundo com melhor aproveitamento do tempo de viver enquanto lhe for possível.

CONVITE

O convite que faço a você, que já despertou é: levante-se dos movimentos lesivos e paralisantes que tanto atrasam seu crescimento espiritual. É hora de seguir, mesmo com medo ou alguma insegurança, pois, como Paulo de Tarso nos incentiva:

"[...] tornai a levantar as mãos cansadas e os joelhos desconjuntados e fazei veredas direitas para os vossos pés [...]" (*Hebreus*, 12:12–13)

SEM SER DO MUNDO

Como viver no mundo sem ser do mundo? Cuidando de nós mesmos, permanecendo atentos à realidade ao nosso redor, sem nos esquecermos que somos Espíritos. Podemos, assim, sustentar nosso equilíbrio por meio de práticas espirituais diárias. Entre elas, a oração meditativa é a mais poderosa, acessível e sem contraindicações.

É por meio dessa conexão profunda que discernimos quais os valores do mundo nos serão uteis e a quais devemos renunciar. Teremos clareza enfim, de quais os verdadeiros valores que precisaremos conquistar.

SILÊNCIOS

Sem desacelerarmos, não teremos forças para ir longe. Precisamos cultivar o silêncio em várias instâncias para nos conectarmos com o melhor que Deus nos concedeu: esse coração ativo, inclinado ao progresso, que habita em nós.

Silenciar os diálogos internos e as vozes do mundo é essencial para que possamos ouvir a voz de Deus, que emerge do mais íntimo de nosso ser.

NOSSO MODO DE VIVER

Não viemos à Terra para alcançar a perfeição aqui e agora – pois este é um processo longo, iniciado há muito tempo. Nesta encarnação, viemos para aprender, para nos tornar inteiros em nossa vida presente, caminhando rumo ao aperfeiçoamento espiritual – o que é bem diferente.

A pergunta que devemos fazer não diz respeito à perfeição, mas sobre nosso modo de viver junto aos outros: se desencarnássemos hoje, já teríamos feito nosso "dever de casa"? Ou seja, poderíamos sentir que nossa missão foi cumprida junto às pessoas com quem viemos conviver?

DIANTE DE NÓS MESMOS

Deus nos concedeu a vida para que pudéssemos vivê-la em sua máxima expansão, a fim de progredirmos. O Criador nos dotou de livre-arbítrio para que pudéssemos escolher nossos próprios caminhos e pudéssemos sentir-nos vitoriosos diante de nós mesmos. Também nos presenteou com entes queridos, para que pudéssemos nos alegrar na caminhada para não nos sentíssemos sozinhos. Além disso, nos oportunizou a convivência com Espíritos que nos convidam a visitar nossas sombras e transformá-las em pontos de luz.

O que mais poderíamos desejar?

DÚVIDAS

Ter dúvidas antes de tomar decisões importantes é fundamental, pois elas nos convidam a uma reflexão e ajudam a evitar impulsividades. No entanto, é preciso cautela com as dúvidas que nos afastam de nós mesmos – que nos deixam com o coração seco, aprisionam a mente e exigem comprovações concretas da ação divina. Nada disso favorece nossa ação.

Como nos recomenda o benfeitor Emmanuel:

"[...] não permitas que a dúvida se interponha, como sombra, entre a tua necessidade e o poder do Senhor." (Chico Xavier, Espírito Emmanuel, *Fonte viva*, FEB, mensagem 165)

Portanto, ao orarmos, devemos silenciar toda dúvida que nos enfraquece.

SABER PEDIR

Quando oramos, quanto mais precisão houver em nosso pedido, melhor para nós, pois isso indica que já temos alguma clareza sobre o que necessitamos. Saber pedir nos permite identificar e agradecer pelo que Deus nos envia como resposta aos nossos anseios.

É sempre bom lembrar que não é Deus quem precisa saber, somos nós.

Essa consciência nos torna aptos a receber a ajuda necessária, pela sintonia que estabelecemos com nosso Pai. Ele atende aos nossos pedidos por meio dos bons Espíritos que podem nos inspirar com ideias sãs. E é dessa forma que podemos agradecer a Deus, na condição de filhos amados que somos.

CONSELHOS DIVINOS

Desenvolver a humildade, cuidar de nossa teimosia, concordar com os caminhos divinos, sustentar o coração aberto, ter indulgência diante das imperfeições alheias... Tantos são os conselhos divinos que a Espiritualidade Maior nos oferece, seja para que possamos sobreviver aos acontecimentos difíceis quanto para nos alegrarmos com as conquistas.

São caminhos do meio, essenciais diante de um mundo que tanto nos convoca aos excessos e a uma vida sem medidas. Que possamos estar atentos a esses conselhos tão amorosos e verdadeiros.

INTERDEPENDENTES, MAS NÃO DEPENDENTES

Cada pessoa pode viver sua própria vida em comunhão com os outros, sem a necessidade de salvar ninguém. Deus nos fez interdependentes, vulneráveis, sensíveis, mas não dependentes. É verdade que precisamos uns dos outros para sobreviver, mas isso é diferente de renunciar às nossas vidas para cuidarmos dos outros. Ou, pelo oposto, esperar que os outros venham dar conta de nossas necessidades sem nosso concurso. Esta medida precisa ser sempre revista por nós para que não sobrecarreguemos os outros e nem a nós mesmos quando confrontados com nossas carências afetivas.

MODIFICADOS

Quando começamos a compreender que as adversidades podem ser interpretadas como oportunidades de crescimento e não como obstáculos, modificamos nosso olhar sobre os acontecimentos. Isso muda

completamente a maneira
como nossa força vai se
estabelecer. Então, podemos
até nos alegrar quando a
tempestade passa, pois
já nos tornamos outros,
mais fortalecidos e com
maior visão da vida.

EXPECTATIVAS

Na convivência, somos chamados a ocupar muitas posições, pois cada relação solicita de nós a atuação em um papel diferente: de protetor, juiz, provedor, salvador, cuidador etc. Cabe a nós, com a liberdade que temos, saber nos posicionar para além das carências de nossos entes queridos. Quais os "nãos" e os "sins" que precisaremos sustentar para que possamos permanecer no lugar em que Deus nos colocou? Precisamos diferenciar as expectativas alheias das nossas, e atender apenas àquelas que cabem em nosso projeto de crescimento espiritual.

PARA QUE A VIDA GANHE AR

Desapegar na alma significa: mudar hábitos e modos de viver, renovar sentimentos, além de renunciar aos ressentimentos, histórias passadas, sonhos mortos, desejos de criança, idealizações de si e dos outros... São desapegos necessários para que nossa vida ganhe ar e espaço para crescimento e felicidade.

RECONCILIAR

Se algum coração alheio nos feriu, agora é o momento de perdoar para que possamos seguir adiante. Perdoar é soltar. Por isso é que Jesus nos aconselha a reconciliação enquanto pudermos, para que possamos manter a leveza em nossos corações e sentir paz. As consequências das ações, lesivas ou não, sejam nossas ou dos outros, não se apagam, mas estão circunscritas aos cuidados de Deus.

Reconciliar é o caminho mais curto para nossa cura, pois o coração magoado custa muito a dar espaço para a saúde em todos os níveis. E sempre vale a pena.

IRMÃOS FERIDOS

Somos todos filhos de Deus, irmãos eternos. Enquanto houver um irmão ferido – seja por nossas mãos ou não – nossas almas também se encolherão até que todos possam estar de pé. Por isso, ao ajudar um irmão a se levantar, nossa própria alma também se eleva. Essa é a lei da fraternidade universal.

Quando nosso coração se fecha para a dor dos outros, isso não significa indiferença. Na verdade, trata-se de um coração tão sensível que encontrou no endurecimento a única maneira de continuar a sobreviver.

TALENTOS

Todos nós carregamos talentos adquiridos ao longo de muitas vidas, recursos preciosos dos quais podemos lançar mão para dar passos maiores na vida. E, mesmo quando eles não nos são visíveis, podemos pedir amparo espiritual para encontrá-los. É preciso começar a observar e a aproveitar as oportunidades que a vida nos dá para usá-los. De outra forma, enterraremos nossos talentos e, junto com eles, a possibilidade de agir e decidir sobre o rumo de nossas vidas com confiança. Não há possibilidade de sermos felizes ficando distantes de nossas possibilidades, à margem de nós mesmos.

ENTENDIMENTO

Se conseguirmos compreender que, para além dos momentos difíceis, nossa alma se dirige ao crescimento, podemos ganhar fôlego e caminhar um pouco mais. Podemos refletir sobre o que nos acontece e identificar que aprendizado está sendo oferecido ali. Assim, a paciência se fortalece aos poucos, e a resiliência se torna parte do nosso patrimônio pessoal. Não estamos sozinhos. Tudo está mudando, e basta erguer o olhar para perceber. Estamos rodeados pelo mistério da existência, que nos acolhe e transcende. Portanto, devemos seguir, cumprir nossa finalidade como seres espirituais, em uma breve jornada pela Terra. Recuar, jamais! Desistir, nem pensar!

ANTES DE AGIR

Pensar antes de agir nos permite tomar decisões mais seguras. Refletir sobre as consequências de nossas ações é um cuidado essencial, pois a falta de reflexão pode nos conduzir a caminhos difíceis de trilhar.

Quantas dores poderíamos ter evitado se tivéssemos refletido um pouco mais? Há momentos em que somos tomados por impulsos imediatos, com pouco olhar para os desdobramentos inevitáveis.

Na reflexão, até o medo ganha um propósito: o da cautela. E, em vez de nos paralisar, ele pode nos proteger sem impedir nosso movimento de viver.

A MORADA DA CORAGEM

Quando estamos diante de um desafio, precisamos de força para enfrentar o medo de sucumbir. O medo é um registro antigo de experiências difíceis do passado que ainda habitam nossa memória espiritual. O medo surge sem que saibamos o motivo de sua presença. Esses momentos requerem a força da fé, pois ela é a fonte de nossa coragem. Nesse entendimento, a coragem não se opõe ao medo – pelo contrário – ela nasce do encontro com ele. E é no esforço de agir, sentindo medo mesmo, que nos tornamos corajosos e fortalecidos para novos desafios.

SONHOS

Se nos dispusermos a realizar nossos sonhos e o fizermos de modo pleno, com nossos sentimentos sintonizados aos pensamentos e às ações, a chance de nos sentirmos em paz conosco e de nada nos faltar é inevitável.

Mas há um ponto importante a cuidar. Precisamos atualizar nossos sonhos de quando em quando e verificar se eles ainda cabem em nossas vidas. Há sonhos lindos que só faziam sentido em outro momento, e que hoje se encontram mortos em nossas almas, já que não conseguimos realizá-los. E isso nos pesa. Cabe ao nosso coração deixá-los seguir, e abrir espaço para novos sonhos, alinhado que somos hoje.

NOS PÔR A CAMINHO

Somos almas que não podem escolher todos os caminhos em uma única existência, pois esta se passa dentro de um tempo finito. Às vezes nos iludimos, tentando fazer tudo ao mesmo tempo, como se pudéssemos abarcar todas as chances. Por isso, de vez em quando, temos a sensação de que temos muito a realizar ou que já é tarde para recomeçar. Essas dissonâncias temporais nos acompanharão durante o tempo que a vida por aqui seguir seu fluxo. Mas podemos fazer algo de muito bom com isso: caminhar no possível, aproveitar as oportunidades de crescimento e seguir adiante sem cessar. O que realmente importa é nos pôr a caminho.

VÍTIMAS E ALGOZES

É importante compreendermos que nenhum de nós é algoz ou vítima para sempre. Talvez sejamos, pelo menos, enquanto nosso olhar estiver restrito a um determinado acontecimento. Fixamo-nos nesses papéis enquanto nossa dor não recebe de nós a devida atenção e cuidado. São estados da alma que retardam muito nosso progresso, e que pedem cura. Muitas vezes nos demoramos nesses lugares porque desejamos punição e recompensa. Diante desses desejos tão imaturos, não há possibilidade de crescimento. É por isso que Jesus nos recomenda reconciliar com o adversário enquanto é dia, principalmente quando dentro de nós habitarem juntos a vítima e o algoz que somos.

FELICIDADE

Sabemos que a felicidade não é deste mundo, mas se não dermos passos na direção da conquista dela, quando estará presente em nossas vidas?

A primeira coisa que precisamos considerar é que felicidade não significa prosperidade. Ser feliz não depende mesmo de condições materiais. Elas podem estar presentes, mas

não determinam a felicidade
Ser feliz é um estado de alma e só depende de uma decisão nossa: a de nos permitirmos ser nutridos pelas bençãos que estão presentes em nossas vidas.

Tudo o mais, como as queixas, a insistência em nos fixarmos nas faltas, na revolta, na vitimização, são negações da felicidade.

JUSTIÇA

A vida terrena está longe de ser justa. Ainda não somos maduros o suficiente para sustentar critérios de justiça que firam nossos interesses pessoais. Por mais incrível que possa parecer, consideramos justo somente aquilo que atenda aos nossos desejos, e injusto tudo o que os contrariar. Por isso, é tão difícil compreendermos o que é justiça divina, pois ela não cabe nesta perspectiva tão restrita, tão humana.

Para podermos vislumbrar o que é justiça divina precisaríamos renunciar a nosso desejo pessoal e ampliar o olhar para a finalidade da Vida, o que inclui a necessidade dos outros e de tudo ao nosso redor.

MEIOS E FINS

Quando mergulhamos na vida material podemos nos esquecer do quão espirituais somos. E, distantes de nossa natureza espiritual, podemos nos tornar obsessivos por conquistar bens, títulos e prosperidade material, como se essa fosse a finalidade de viver. Não há problema em buscarmos conforto ou prazer na vida física.

O desafio surge quando transformamos meios em fins. Se a conquista material se tornar a finalidade da vida, nos tornaremos exaustos, infelizes e insaciáveis, pois isso não alimenta a fome de nossas almas. A saciedade provém de uma vida com sentido e requer a busca de meios próprios para a realização da alma.

HUMILDADE

Que tudo possa contribuir para o nosso crescimento e consequente libertação espiritual. Se nos prostrarmos diante dos mistérios da vida e nos entregarmos ao que, por ora, não conseguimos compreender – ou imaginamos não poder suportar – então, a humildade começa a nascer.

Contudo, ela não surge da fraqueza da alma, nem de qualquer sentimento de impotência. Ela floresce quando há concordância com os desígnios divinos, sem revolta ou desânimo.

Ser humilde é reconhecer-se pequeno diante da grandeza divina – e é exatamente isso que nos fortalece.

PATERNIDADE DIVINA

Deus nos envia sempre novas chances para que possamos nos reabilitar diante das leis de equilíbrio da vida. Sua misericórdia incessante se manifesta entre nós através dos mensageiros do bem que se utilizam de caminhos imprevisíveis para que os milagres possam acontecer. Por isso é que quando estamos distantes de nossa essência, perdemos a capacidade de nos nutrir do Pão/Pai Nosso. É preciso estar atento para perceber os auxílios espirituais que nos chegam através de intuições, conselhos, uma visita inesperada, uma oportunidade repentina e uma alegria que há tempos não sentíamos. Que assim seja!

Esta obra é uma compilação de textos selecionados dos livros *Palavras para a alma* e *Caminha que a vida te encontra*, publicados pela autora por esta editora. Os textos foram revistos e modificados pela autora especialmente para compor este livro.

DADOS INTERNACIONAIS DE CATALOGAÇÃO NA PUBLICAÇÃO [CIP BRASIL]

C173s

CAMASMIE, Ana Tereza [1964–]
Sementes / Ana Tereza Camasmie
Catanduva, SP: InterVidas, 2025
224 p. ; 7,5 × 11 × 1,2 cm

ISBN 978 85 92968 44 6

1. Autoconhecimento
2. Comportamento 3. Psicologia aplicada
4. Evangelho 5. Espiritismo

I. Camasmie, Ana Tereza, 1964–. II. Título

CDD 133.9 CDU 133.7

ÍNDICES PARA CATÁLOGO SISTEMÁTICO
1. Autoconhecimento : Comportamento
: Psicologia aplicada : Evangelho : Espiritismo 133.9

EDIÇÕES
1.ª ed., julho de 2025, 5 mil exs.

IMPRESSO NO BRASIL
PRINTED IN BRAZIL PRESITA EN BRAZILO

SE
MEN
TES

InterVidas

infinda

DIRETOR GERAL
Ricardo Pinfildi

DIRETOR EDITORIAL
Ary Dourado

DIREITOS
DE EDIÇÃO
Organizações
Candeia Ltda.

CNPJ 03 784 317/0001-54
IE 260 136 150 118
R. Minas Gerais, 1 640
Vila Rodrigues
15 801-280
Catanduva SP
17 3524 9801
intervidas.com

COLOFÃO

TÍTULO
Sementes

AUTORIA
Ana Tereza Camasmie

EDIÇÃO
1.ª

EDITORA
InterVidas [Catanduva SP]

ISBN
978 85 92968 44 6

PÁGINAS
224

TAMANHO MIOLO
7,5 × 11 cm

TAMANHO CAPA
7,5 × 11 × 1,2 cm [orelhas 5 cm]

CAPA
Ary Dourado

REVISÃO
Fernando Castilho

PROJETO GRÁFICO & DIAGRAMAÇÃO
Ary Dourado

COMPOSIÇÃO
Adobe InDesign 20.4
[macOS Sequoia 15.5]

TIPOGRAFIA CAPA
(Monotype) Torus Pro
[Thin, Light, Regular, SemiBold]

TIPOGRAFIA TEXTO PRINCIPAL
(Monotype) Torus Pro SemiBold 18

TIPOGRAFIA FÓLIO
(Monotype) Torus Pro Regular 10,5/13

TIPOGRAFIA DADOS & COLOFÃO
(Monotype) Torus Pro SemiBold 6/8

MANCHA
50 × 73,3 mm, 16 linhas
[sem título e sem fólio]

MARGENS
12,5 : 18,3 : 12,5 : 18,3 mm
[interna : superior : externa : inferior]
[sem título e sem fólio]

PAPEL MIOLO
ofsete Sylvamo Chambril Book 75 g/m²

PAPEL CAPA
cartão Bohui C1S 250 g/m²

CORES MIOLO
1×1: Pantone 3522 U

CORES CAPA
4×1: CMYK×Pantone 3522 U

TINTA MIOLO & CAPA
ACTEGA Premiata

PRÉ-IMPRESSÃO CTP
SCREEN PlateRite 8300S

PROVAS MIOLO
Epson Stylus Pro 9880

PROVAS CAPA
Epson Stylus Pro 4880

IMPRESSÃO
processo ofsete

IMPRESSÃO MIOLO
Manroland Roland Rekord

IMPRESSÃO CAPA
Manroland Roland 704

ACABAMENTO MIOLO
cadernos de 32 p., costurados e colados

ACABAMENTO CAPA
brochura com orelhas, laminação
BOPP fosco, verniz UV brilho com reserva

PRÉ-IMPRESSOR & IMPRESSOR
Rettec Artes Gráficas [São Paulo SP]

TIRAGEM
5 mil exemplares

PRODUÇÃO
julho de 2025

Ótimos livros podem mudar o mundo.
Livros impressos em papel certificado
FSC® de fato o mudam.

InterVidas

infinda

intervidas.com

intervidas

editoraintervidas

InterVidas

CENTRO ESPÍRITA TAREFEIROS DO BEM
TAREFEIROS

Centro Espírita Tarefeiros do Bem
CNPJ 17 027 406/0001-60
Rua Mena Barreto, 110 Botafogo
22 271-100 Rio de Janeiro RJ
21 2148 9982 • 21 2148 9987
tarefeirosdobem.org.br